ALPHÉE

ET

ARÉTHUSE,

INTERMEDE EN MUSIQUE.

Repréſenté devant LE ROI *ſur le Théâtre Royal de Choiſi-le-Roi, le Mercredi* 15, *Décembre* 1762.

DE L'IMPRIMERIE

De CHRISTOPHE BALLARD, ſeul Imprimeur du Roi pour la Muſique, & Noteur de la Chapelle de Sa Majeſté.

M. DCC. LXII.
Par exprès Commandement de SA MAJESTÉ.

Les Paroles font du feu Sieur *Danchet*.

La Musique du Sr. *Dauvergne*.

Les Ballets font de la Compofition des Sieurs *Laval* Pere & Fils Maîtres des Ballets de Sa Majefté.

ACTEURS.

NEPTUNE,	Le Sr. Gelin.
VÉNUS,	La Dlle. Dubois, L.
ARÉTHUSE, *Nymphe* de Diane.	La Dlle. Arnoult.
ALPHÉE, *Chaſſeur,* amant d'*Aréthuſe*,	Le Sr. Larrivée.

Suite de NEPTUNE, ſuite de VÉNUS.

ACTEURS DES CHŒURS.

LES DEMOISELLES.

Cannavas.	Aubert.
Gaudoneche.	Dubois *Cadette.*
Chevremont.	Bouillon.
Bertin.	Favier.

LES SIEURS.

Joguet.	Doublet.
Cochois.	Lebegue.
Guerin.	Bazire.
Levêque.	Camus *l'Aîné.*
Boſquillon.	Daigremont.
Abraham.	Charle.
Caze.	Joly.
Roiſin.	

PERSONNAGES DANSANTS.

SUITE DE VENUS.

Le Sieur Laval. La Dlle. Dumonceau.
Le Sr. Groffet, La Dlle. Peflin.
Les Sieurs Beat, Dubois, Hamoche.
Les Dlles. Lafont, Buar, Saron,

SUITE DE NEPTUNE.

TRITONS ET NEREIDES.

Le Sieur Gardel.
Le Sr. Lani, La Dlle. Allard.
Le Sr. Dauberval.
Les Sieurs Hyacinte, Lelievre, Trupti,
Campioni.
Les Demoifelles Ray, Dumirey, S. Martin,
Petitot.

ALPHÉE
ET
ARÉTHUSE,
INTERMEDE EN MUSIQUE.

Le Théâtre repréfente le Palais de Neptune, fur les bords de la Mer, préparé pour la Fête de Vénus.

SCENE PREMIERE.

ARÉTHUSE, *feule.*

POUR me fouftraire au fœux d'un amant trop fidele,
Diane m'a conduite en cet heureux
féjour :
En faveur de l'Immortelle,
Neptune m'admet à fa Cour.

A

A mon repos tout conspire,
Alphée à mes regards ne viendra plus s'offrir;
Il ne me verra plus & le craindre & le fuir;
 La paix regne dans cet Empire;
Je dois m'en applaudir..... D'où vient que
  je soûpire ?

 Sevére Tiran de mon cœur,
Devoir, que voulez-vous encore ?

Je combats chaque jour une douce lan-
 gueur;
 J'évite un amant que j'adore;
Si je le plains, dumoins, je prends soin qu'il
 l'ignore.

 Sevére Tiran de mon cœur,
Devoir, que voulez-vous encore ?

  On entend une Simphonie.

Tout paroît s'animer dans ce séjour char-
 mant :
 C'est le Dieu des Mers qui s'avance.
 Les flots par leur frémissement,
 De leur auguste Maître annoncent la
 présence.

SCENE II.
NEPTUNE, ARÉTHUSE,
Suite DE NEPTUNE.

NEPTUNE.

BELLE Aréthuſe, un ſpectacle pom-
peux
Va briller dans ces lieux ſoûmis à ma puiſſance :
Daignez prendre part à nos jeux.

Et vous, Dieux que je tiens ſous mon
obéiſſance,
Préparez les plus doux concerts :
Chantez le jour heureux où Vénus prit
naiſſance :
Que ſon nom vole dans les airs.

CHŒUR.

Préparons les plus doux concerts :
Chantons le jour heureux où Vénus prit
naiſſance :
Que ſon nom vole dans les airs.

A ij

NEPTUNE, à *Aréthuse.*

Vénus doit embellir la Fête,
Elle va dans ces lieux répandre mille appas;
Nymphe, vous jouirez du beau jour qui
    s'apprête.
Je vais, avec ma Cour, au devant de ses
    pas.

ARÉTHUSE.

De l'Amour, qui veut me surprendre;
Je fuis le charme dangereux;
Parmi les plaisirs & les jeux,
De ses traits peut-on se défendre?

NEPTUNE.

Si vous le redoutez, fuyez de ce séjour.
    C'est dans le sein de mon Empire.
    Que Vénus a reçu le jour:
Il n'est point sous les flots de cœur qui ne
    soûpire.

ARÉTHUSE.

Hé quoi? tout trompe mon espoir!
Tout est soumis au Dieu dont je crains le
    pouvoir!

NEPTUNE.

Nymphe, votre efpérance eft vaine ;
Et vous verrez l'amant foûmis à votre loi.

ARÉTHUSE.

Alphée, ô Ciel !

NEPTUNE.

C'eft l'amour qui l'amene :
Ce Dieu dans mon Empire eft plus maître
que moi.

Il fort.

ARÉTHUSE, *feule.*

Tout fert à redoubler ma peine.
L'Amant que je fuyois..... Eft-ce lui que
je voi.

SCENE III.

ARÉTHUSE, ALPHÉE.

ALPHÉE.

MAlgré tant de rigueur, Nymphe trop
inhumaine,
Je viens encor chercher vos dangereux at-
traits :
Ah ! j'aime mieux éprouver votre haîne,
Que de me condamner à ne vous voir jamais.

A mes foûpirs, à ma conftance,
Accordez un tendre retour.

Quoi ! faut-il que des yeux où j'ai pris
    tant d'amour,
Me marquent tant d'indifférence ?

A mes foupirs, à ma conftance,
Accordez un tendre retour.

ARÉTHUSE.

Ceffez de vouloir me contraindre
A fuivre un penchant amoureux :

Je n'entends que des cœurs fe plaindre
Et de l'Amour & de fes feux.
Dans ma tranquillité je goûte un fort heu-
    reux.

Ceffez de vouloir me contraindre
A fuivre un penchant amoureux.

ALPHÉE.

Croyez-vous m'abufer ? en vain vous voulez
    feindre
Une tranquillité que, même en ce moment,
Votre embarras, votre trouble dément.
A travers vos détours la vérité terrible,
    Pour accroître encor mon malheur,
Dans mon cœur détrompé jette un jour
    plein d'horreur :

Non le vôtre n'eft pas paifible :
Quelque Rival fecret l'a fans doute charmé.
Ingrate ! vous m'auriez aimé
Si le plus tendre amour vous eût rendu
　fenfible.

ARÉTHUSE.

Vous ne connoiffez pas mon cœur ;

ALPHÉE.

Ah ! que n'eft-il en ma puiffance
D'immoler ce Rival à toute ma fureur !
Je me confolerois d'une injufte rigueur
　Par le plaifir de la vengeance.

ARÉTHUSE.

Vous ne connoiffés pas mon cœur.
Il na point jufqu'ici reconnu de vainqueur.
　Pour fon repos il doit être infenfible,
Il doit fuir de l'amour les dangereux appas.
　Hélas ! s'il eft poffible,
　Ne le détrompez pas.

ALPHÉE, *avec tranfport.*

J'ôfe tout efperer de l'ardeur qui me preffe.
Ce foûpir à mes vœux promet un fort plus
　doux.

ARÉTHUSE.

Si je pouvois un jour céder à la tendreffe,
　Je ne voudrois y céder que pour vous.

Ma fuite, hélas ! ne peut être trop
    promte,
Je n'ai que trop long-tems demeuré dans
    ces lieux.
Ne fuivez point mes pas ; épargnez-moi la
    honte
    De rougir à vos yeux.

On entend une Symphonie agréable.

Quel pouvoir me retient ? Une clarté plus
    pure
    Dans ces beaux lieux répand un nou-
    veau jour ;
L'Onde ne coule plus qu'avec un doux
    murmure :
Tout femble m'annoncer la mere de l'amour.
Alphée ! Heureux Amant ! Quoi ! Vénus
    elle-même
    Vient-elle me parler pour lui ?

SCENE IV.

VÉNUS, NEPTUNE, *arrivant dans le
même char,*
ARÉTHUSE, ALPHÉE, *suite de Ve'nus
et de Neptune.*

VÉNUS.

L'Univers reconnoît ma puiſſance
    ſuprême,
Aréthuſe ; & je viens vous foûmettre aujour-
    d'hui.

ARÉTHUSE.

Vénus exige cet hommage ;
Tous les cœurs à ſa voix ne ſavent qu'obéir.

ALPHÉE.

Qu'entends-je ? de mes maux je perds le
    ſouvenir !
Ah ! je vous aimois trop pour languir da-
    vantage.

ENSEMBLE.

Neptune et Vénus.

Formez les nœuds les plus charmants.

Alphe'e et Are'thuse.

Formons les nœuds les plus charmants.

ALPHE'E ET ARE'THUSE.

NEPTUNE ET VE'NUS.

Au tendre amour donnez tous vos moments.

ALPHE'E ET ARE'THUSE.

Au tendre amour donnons tous nos moments.

NEPTUNE ET VE'NUS.

Qu'il triomphe à jamais, qu'il regne, qu'il
vous bleffe.

ALPHE'E ET ARE'THUSE.

Qu'il triomphe à jamais, qu'il regne, qu'il
nous bleffe.

NEPTUNE ET VE'NUS.

Vous voyez finir vos tourments.

ALPHE'E ET ARE'THUSE.

Nous voyons finir nos tourments.

NEPTUNE ET VE'NUS.

Que vos plaifirs durent fans ceffe.

ALPHE'E ET ARE'THUSE.

Que nos plaifirs durent fans ceffe.

*Deux fuivants de Vénus enchaînent de Guir-
landes de fleurs* ALPHE'E & ARE'THUSE.

SCENE DERNIERE.

VÉNUS, NEPTUNE, ARÉTHUSE, ALPHÉE.

Suite de VENUS, suite de NEPTUNE.

NEPTUNE, *à Aréthuse.*

EMBELLISSEZ déformais ce féjour :
Qu'Alphée, ainfi que vous, prenne rang à
    ma Cour.
    Le Deftin vous rend Immortelle.
      D'une gloire fi belle
Il fait part à l'Amant charmé de vos attraits.
    En vous faifant vivre à jamais
Il veut que vous brûliez d'une flâme éter-
    nelle.

On danfe.

NEPTUNE.

    Célébrez le jour glorieux
  Où l'on a vu fortir Vénus de l'onde.
    Elle fait les plaifirs des Cieux,
    Et le bonheur du monde.

CHŒUR.

Célébrons le jour glorieux &c.

NEPTUNE.

Chantez qu'à ses bienfaits votre zele réponde
Que les plus doux transports éclatent dans
    vos jeux.

CHŒUR.

Chantons qu'à ses bienfaits notre zele ré-
    ponde &c.

La suite de VENUS & celle de NEPTUNE se réunissent
& forment des Jeux en l'honneur de VENUS.

ARÉTHUSE, *alternativement avec les CHŒURS.*

Tout s'embellit en ce séjour;
Tout célébre avec nous la Mere de l'Amour.
  Les Vents, tranquilles dans leurs chaînes,
  Laissent en paix le sein des mers :
Le Zéphir regne seul sur les humides plaines:
  De l'aimable chant des Syrênes
  On entend retentir les airs :
  Malgré la douleur qui la presse,
Alcione à leurs voix vient mêler ses accents;
  Et pour former de plus doux chants,
Rallume dans son cœur sa premiere tendresse.
  Tout s'embellit en ce séjour &c.

Les Jeux continuent, & sont terminés par un
Ballet général.

FIN.

229

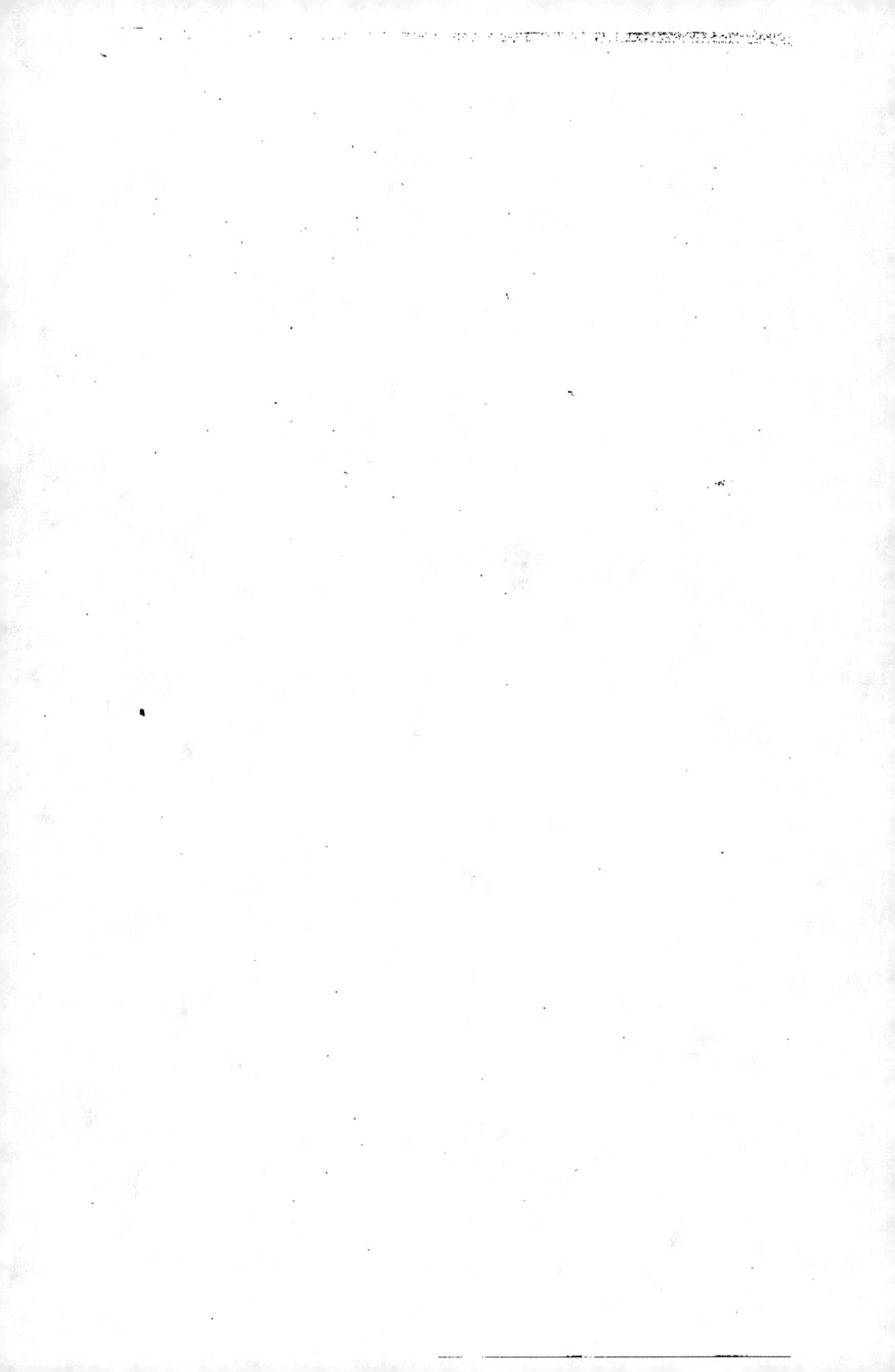

www.ingramcontent.com/pod-product-compliance
Lightning Source LLC
Chambersburg PA
CBHW060721280326
41933CB00013B/2523